비사벌에는 달 냄새가 난다

비사벌에는 달 냄새가 난다

김현조

현대시학시인선 139

김현조

전북 정읍 출생으로 1991년 《문학세계》로 등단했다.
저서로 시집 『사막풀』 『당나귀를 만난 목화밭』,
논저 『고려인의 노래』 『고려인 이주사』,
번역서 『이슬람의 현자 나스레진』이 있다.
전라북도시인협회 회장을 역임하고
현재 국제PEN한국본부 이사, (사)전주문인협회 회장,
〈금요시담〉 동인으로 활동하고 있다.

khyunjo55@gmail.com

시인의 말

바다에 살면서 소금에 절여지지 않는 물짐승과
숲에 살면서 나무에 물들지 않는 동박새와
내 안에 살면서 부재중인 詩는
몇 계절쯤 단숨에 지나쳐 버린다.
수많은 함정이 난무하는 자본주의에서
모순이 시가 되어도 좋으리라.

봄을 위해 창문을 열어두어도 봄은 쉬이 오지 않았다.
수채화를 보면서 두근거렸던 詩,
첫서리 내린 아침을 늦게 알아채도
허물이 되지 않는 이야기가
시로 공유되어지길 바랐다.
내가 지은 시를 이야기 詩라고 이름 지었다.

차례

시인의 말

1부 쏟아지는 봄

손님맞이	14
우스운 일	15
삼월	16
봄비	18
부처님 미소가 자란 날	19
쏟아지는 봄	20
백제로 이팝꽃	22
나팔꽃	23
칠월	24
비사벌초사에는 달 냄새가 난다	26
매미처럼 울었다	28
달려갔더니	30
여름밤	31
그리 알아라	32
창문을 닫은 사과벌레	33
달에게 주다	34

2부 가을 이야기

가을 이야기 38

산촌에 살다 40

선운사 단풍 42

상강霜降 44

어머니의 봄 45

오복대 백일홍이 피던 날 46

적막함 48

고백 50

심전도실 52

안골 네거리와 달 53

외지인 54

섣달 매화 56

계절을 벗어날 때 58

사랑을 위하여 59

고정관념 60

3부 동진강을 건너지 못한 슬픔

황산벌을 달리는 계백	62
온달산성	64
고부향교 느티나무	66
손수건 같은 쌍릉	69
서산마애삼존불	70
신정읍사	72
구지왕릉에 눈이 내렸다	73
반가사유상	76
미륵부처님께 물었더니	78
고부향교 앞 능소화	79
단비斷碑	82
내 슬픔은 동진강을 건너지 못했다	84
직지에게 말하다	86
겨울꽃	89
11월	90
삼일절	92
봄동이 피었다	94

4부 야 까리예츠

야 까리예츠	96
키질쿰과 겨울	99
카라칼팍키스탄 평원	102
아랄해	104
누쿠스 사막	106
키질쿰에는 뼈들이 산다	108
있고 없고	110
봄이 왔다	112
사람으로 태어나	114
사마르칸트에 달 떴다	117
너 하나쯤 기억하는 일	118
물이밥	120
서울로 올라가야지	122
모악산母岳山	124
머나먼 길	125
구름 냄새나는 그대	128
슬픈 사회를 추모한다	130

해설
회감의 서정과 역사적 상상력 | 고명수(시인, 전 동원대 교수)

1부
쏟아지는 봄

손님맞이

지리산에 사는 스님

절간 구석에

배추농사를 지었습니다

세 고랑은 사람의 것이고

한걸음 떨어진 작은 고랑은

손님의 것이랍니다

아침마다 찾아오는

배추벌레님을 이사시키는 일로

하루를 시작한답니다

속이 채워지기 전부터

김장배추를 같이 먹고 산답니다

고적한 산사에

참 귀한 손님이라고 합니다

우스운 일

고창 신재효의 방문은 낮았다
문틀이 낮아서
누구든 머리를 숙이고 들어와야 했다
갓을 쓴 사람은 더욱 낮추어야 했다

오래된 내 방도 문틀이 낮다
키 작은 나도 숙여야 한다
몸에 익숙해질 법도 한데
가끔 머리를 부딪친다

머리에 혹 하나 달고 정신 차린다

삼월

봄이야 봄

봄이야 봄봄

도채비불이

아랫마을을 불사르며

올라오고 있다고

삼일절 태극기 앞세우고

조선사람 만세소리 울려 퍼지듯

하얀 불이 낮에도 타오르고 있다고

어둠보다 꽝꽝한 겨울을 지나

수백 년 수천 년 해마다 그러하듯이

흙 묻은 괭이를 들판에 두고

과거공부하던 서책을 밀쳐두고

농민이면 어떠하며 선비면 어떠리

조선낫과 죽창 잡았던 동학군처럼

올해도 썩은 무리 태워버릴 기세로

누렇게 몽땅 불살라 먹으려고
노란 봄불이 났네
불이 났네
봄이야 봄

봄비

창문 밖에서 들려오는 소리에도
전화기 진동음에도
달빛이 스며드는 순간에도
게임하듯 리모컨을 조작할 때도

기다리고 있었다
마중 나가고 싶은 마음

강원도에 산불이 꺼지지 않을 때도

창가 화분에 맺힌 꽃망울 쳐다볼 때도
행복을 꿈꿀 때도
멋진 햇살을 바라볼 때도
너의 이름이 맴돌 때도
너의 얼굴이 떠오를 때도

기다리고 있었다

부처님 미소가 자란 날

축! 메리 초파일

아랫녘 교회에서 보내온 양란꽃등燈

연등보다 먼저 공양 올렸습니다

귀신사 도량이 어느 때보다 환해졌습니다

느티나무는 혼자 웃다가 수염이 한치 길어났습니다

천사백 년 걸려 온 달도 조심스레 빛을 공양 올립니다

끄덕끄덕 부처님 미소가 자랐습니다

쏟아지는 봄

놀라지 마,

잎이 나오기 전 숨을 수가 없어서

확, 피어버린 거야

일찍 피고 일찍 지는 꽃의 일이

열매 때문만은 아니야

우두둑우두둑 뻐근한 쑥국새 기지개와

쑥쑥 돋아나는 쑥이파리 한 잎도 봄꽃

남의 눈 가리지 않고

튀밥처럼 팡팡 피었다가

대책 없이 짧다고 말하지 마

너를 바라보는 내 눈동자엔

붙잡지 못한 시간들이 남아있다

마술사가 만지작거리는 유쾌한 소리와

깊은 물에 갇힌 빛으로부터

무작정 생겨나는 민감한 봄을

백제로 이팝꽃

쌀밥이 먹고 싶다는 어머니 진지를 위해
쌀독을 박박 긁어 한 그릇 지어 올리고
어머니 혼자는 잡수지 않을까봐,
마당가에 핀 하얀 꽃을 한 그릇 담아서
눈 어둔 어머니와 나란히 앉아 맛있게 먹었다는
심심산골 화전민이 남긴 이팝꽃 전설
만발한 전주 백제로를
다 주고 싶다
그 사람 아니라도
이팝꽃 만발한 팔복동 철길
한 거리를 통째로 주고 싶다

오월,
하얗게 빛날 때
하얀 웃음 한 바가지 떠서
그대에게 바치고 싶은 달
배고픈 사람이 없었으면 좋겠다

나팔꽃

천지사방으로 귀를 걸었다

세상으로 나간 문
돌아와 세상을 닫을 문

오직 당신에게 향한 귀만 열었다

칠월

유월이 아득히 멀어져갈 줄
그렇게 쉽게 떠나갈 줄 몰랐다
청포도가 퍼렇게 익어가고
논에서는 벼들이 푸른 바람을 일으킬 때
논개구리는 밤낮을 나누어 합창하였다
소나기는 무지개를 산과 들에 걸쳐놓고
밤하늘엔 낮의 소란함이 무리지어 반짝였다
타령조로 장단 맞추면서 시간도 흘러갔다
아무도 그립지 않은 날에는
몸 안에 통증이 찾아왔다
관절통이기도 하고 가슴통이기도 했다
문득 떨어지는 동백꽃처럼
오랫동안 참았던 눈물이 쏟아질 기미가 보였다
통증이 나를 설레게 할 수 있다는 것을 알았다
네가 지나간 자리에 흔적이 완벽하게 지워질 수 없다
그 흔적을 완벽하게 지우는 것은 다시 시작하는 것이다

붉은색이 어울리는 칠월이 온통 푸른색이다.
힘줄도 푸르고 향기도 푸르다
가장 더운 한 달이 가장 짙게 푸르렀다
과수원을 지나온 바람이 도시를 만나서 더워졌다
푸른 날을 퍼나르던 바람이 무거워졌다
일 년을 기다린 견우와 직녀는 하룻밤과
사랑, 결코 포기할 수 없었다

칠월은 파랗게 흔들리며 익어가고 있었다

비사벌초사에는 달 냄새가 난다

기린봉 아래 물왕멀 맞은편에는
전주성을 세웠던 견훤왕에게 가는
골목길이 거미줄처럼 뻗어있다
전주라는 이름씨를 심었던 골목에
울화통 터지는 역사를 안고서
시인이 집을 짓고 살았다
지금도 이름이 남아 있는 시인 집 앞으로
학생들은 아침저녁으로 분주히 지나가고
한때는 순사가 자전거를 타고 지나갔다

키가 컸던 시인은 비사벌에 초사를 짓고 살며
봄마다 꽃을 맞이하고
여름엔 매미 소리 날리었다
가을을 나뭇잎 사이에 매달아 놓고
조심조심 시를 지었다
삼동에는 눈보라가 밤낮 쌓였다

행간마다 계절이 지나가고
계절마다 철없는 아이처럼 시간이 뛰어갔다
씨만 싱싱하면 봄은 구름 속 햇빛처럼 빛난다

이야기가 없는 길은 쓸쓸하다
그늘 같았던 기린봉에 달 뜨면
초사마루에 물 한 그릇 받쳐둔다
달이 내려와 골목마다 밝히고
누군가 늦은 귀갓길에도
골목은 더이상 쓸쓸하지 않고
달 냄새 가득 안고 지나가겠다

매미처럼 울었다

안녕! 짧은 인사로
화급히 그대 떠나고
선운사 상사화 필 때마다
구월 매미처럼 자지러졌다

다음 생에는 불쑥
단박에 나와서 꽃 피우지 말아야지
한마디씩 아홉 번 자라는 구절초처럼
조바심내지 않고 구월을 맞이해야지

마디마디 푸른 여름과
칸칸마다 구월 노을을 앉혀두고
머무는 것이 기적이 되도록
이야기 곳간을 비워두어야지

누굴 막론하고 가야 하는 저 너머로

더디게 아주 더디게 가자고
바위에 붙어서 너끈히 오백 년쯤
살아보자고 맹세해야지

달려갔더니

일이 났다고 급히 오라는 전화에

돌산 갓지 한 잎 베어먹다 말고

여수 바닷바람을 입안에 거두우고

황급히 달려갔더니

아중 호수 언저리에

사마귀꽃이 피었단다

한참을 쭈그려 앉아

쳐다보고 다시 쳐다보다가

돌아왔다

9월이었다

여름밤

남천교 청연루에 앉아있으면
세상 소란함이 다 모여
흩날린다

사막에 누워 하늘을 볼 때도
세상 반짝임이 다 모여
빛난다

무수히 많은 별 사이사이에
너도 한자리 차지하고 있다

그리 알아라

네 삶에 내가 있고
내 삶에 네가 끼워져 있듯
아끼는 책에 가을 한 조각
오래된 시간 한 줌
그늘과 낡은 의자 하나
옛날이야기 한 소절
갈피에 끼워서 보냈다
그리 알아라

창문을 닫은 사과벌레

사과를 한입 물었는데
웅크리고 잠들어 있던
벌레를 깨우고 말았다
벌레는 집을 짓고
우주로 향한 꿈을 꾸며
평안을 얻었을 텐데
가을을 베어먹겠다는 욕심에
한 우주를 허물고 말았다
탓하지 마라
우주에 자기 몸을 숨기고
첫눈 오기 전에
창문도 닫았을 것이다
얼마나 위대한 일인가

달에게 주다

완주 비봉에 살았던 진묵스님은
책을 얻어서 절로 돌아가는 길에
한 장씩 읽고 외운 장은 찢어버려서
절 문 앞에 당도했을 땐 빈손으로
미소 한 번 짓고
뒤도 돌아보지 않고
쑥 들어가 버리고는
달에게 책 속의 문장을
들려주었다고 한다

밤마다 지구 곳곳을 둘러보면서
책 속에 없는 온갖 것들을 알아내곤
얘기도 들려주지 않고 시침 뚝 떼며
아침저녁으로 바닷물을 조종하는
그 능력을 사모하는 것은 아니다
내가 보름달을 올려다보는 것은

달에게 돌려받고자 하는 것이 아니다
진묵스님이 달에게 들려준
비밀문장을 전해 듣고 싶은 것도 아니다
그냥 잘 있다는 모두 청안하다는 소식
서로가 그리워한다는 믿음이다

2부
가을 이야기

가을 이야기

아버지는 가을마다 쓸쓸함이 찾아온다고 했다
어머니는 아버지 등짝에 대고 혀를 차며
정신 채리시오 고까짓 가실, 해마다 돌아오는디
어디 자식 돌아오는 것만 허겄소
후딱허니 곡식이나 집안으로 들이시오 하였다

아버지 가을은 붉은색
낙엽처럼 마음이 붉어진단다 이럴 때마다
염려 말아라
아무렴 가실이 왔다고 또 나가시겠냐
그리봤쟈 다시 돌아온다 두고 봐라
에이 빌어먹을 가을, 역정을 내며
골목 어디까지 나갔다 돌아오셨다

어머니의 가을은 노란색
과일 익어가는 색과 같다

자식들 몰려오는 추석날
푸짐하게 보따리에 쌓아줄 생각에
감이 더디 익는다고 하늘에 삿대질이다
베라먹을 찬바람이나 휑허니 부소
한몫에 죄다 붉어지라고

보름달보다 환하게 웃어싸며
두 잔을 연거푸 부어야 직성이 풀리는
엄니가 여름내내 울궈낸 차를 마시고
자식들 수다를 싸매고 방으로 들어가면
홀로 벼랑벽에 기대어 잠든 어머니
달빛이 찾아와 창문을 톡톡톡
쉿!
건들지 말랑게

산촌에 살다

산촌에 살다 보면
인적 드물어 찾아오는 사람 없다
거실에는 바람이 수시로 드나들고
건넛방에는 일월성신日月星辰이 산다
앞마당 살구나무는 그림자까지 데려오고
뒷산은 마당이 비좁다 투덜대니
내가 대문을 열고 나갈 수밖에
어느새 개가 따라와서
함께 달구경 하잔다

삶이라는 게 헤어짐을 전제로 하는
살다 보면 결국 이별은 정해진 수순이라도
서둘러 헤어질 일 아니다
하고 싶은 이야기는 날마다 쌓여만 가고
"잘 지내겠지, 미안합니다"
달을 보고 말 걸어본다

그리움도 매일 보는 별처럼 익숙해지고

오늘은 당신 얼굴이 하늘에 떴다

선운사 단풍

여름불교학생수련회를 선운사에서 했습니다
고창여고 보름달이 선운사에 떴습니다
남학생들 염불소리가 떨렸습니다
수련회 내내 인욕심이 저절로 생겼습니다
선운사 개울물은 뽀글뽀글 끓는 소리로 흘렀습니다

지역별 대표들이 장기자랑을 하였습니다
달빛 아래서 대단한 자랑을 하였습니다
"워매 환장하겠는거"
세상에 부를 줄 아는 노래 한 가락이 없어
수련회에서 배운 염불을 했습니다
하필 그 여학생이 다가와
"어머, 염불을 참 잘하는군요"
몸은 돌부처가 되었고 얼굴엔 단풍이 들었습니다
단풍잎 하나 개울물에 빠졌습니다

선운사에 늦단풍 구경 왔습니다

고목마다 단풍잎이 몇 개씩 붙어 산길을 밝히고 있었습니다

애끓는 소리도 없는 개울물에는

오래된 단풍잎들이 쌓여 있었습니다

나도 단풍잎 사이에 누워 있었습니다

눈부시지 않게 시간을 끌어안고 있었습니다

고 가시네 눈길 아직도 피하고 있습니다

상강霜降

한치도 바깥으로 기울지 말자며
두 손 맞잡은 맹세는
추분 하룻밤을 못 버티었다

가을이 통째로 식어버린 날
영근 햇살이 흔들리고
계절은 이미 바람을 탔다

첫서리에 빛나는 아침
삭풍 전 기러기도 떠나고
활연히 빈 창공

뜬구름처럼 문자가 왔다
붉은 옷 한 벌 고쳐 입고
만나자는 것이냐
그때 실컷 보자는 것이냐

어머니의 봄

흔하디 흔한 들판에
이리저리 뒤채이던
민들레 한 무더기를 어디서
캐 오셨는지
뒤란 금 간 장독 뚜껑에
옮겨심어 놓고
간장 된장 고추장 묵은
장을 끼니마다 퍼 나르며
어르고 가꾸었다
어머니는 소담한 봄을
뒤란에 모셔놓고
밑불처럼 꽃을 피우셨다
우리집에도 봄이 왔다

오목대 백일홍이 피던 날

참매미가 설게 우는 칠월 마지막 날
오목대에 올라 포은의 눈물방울같이
톡톡 피어 빛나는 한옥마을 불빛을 바라보았다

어느 행인은 이성계의 전설에 합장 반배하고 지나갔다
더위가 절정에 선 쓸쓸한 저녁이 무거웠다
옆에 선 백일홍이 기색도 없이 붉어졌다

영웅은 역사와 고매한 비석을 남기었는데
입마개를 단단히 하고 사람과 전염병을 피해
번개같이 살다간 시인은 묘비명을 생각했다

어둠이 폭포처럼 떨어지는 칠월 스무이튿날
5·18 사태를 일으켰던 신군부에 대항했던
금산사 월주스님은 서원대로 별이 되었다

세 번이나 핏빛으로 백일을 꽃 피우려면 여름을 죄 빨았겠다

해와 달에 주사기를 꽂고 붉은 피를 빨았을 거다

태양을 숭상했던 사람들은 시름시름 앓았을 것이다

꽃이 절정일 때 오목대 난간에서 파국을 생각했다

오백 년을 돌고 돌아도 쓰러지지 않는 마술같은 자전력

붉은 기억을 닮은 노을이 흔들흔들 장난하였다

적막함

말복 날 수박을 반으로 갈라놓고
호두나무 그늘에 앉았다
곁을 지키는 수캐가 하품을 하고
사막개미들도 낮잠 자러 가고
흔한 새 한 마리 보이지 않는다
햇살은 쏟아지는데
빛의 환함이라니
어린 고양이 발자국에
정오가 흔들렸다

파리가 수박 언저리에서 분주하다
가끔, 아주 가끔 나뭇잎이 동요하고
그때마다 미세한 소리가 허공을 흔든다
햇빛과 공기 그늘이 공짜라는 게
믿기지 않을 정도로 한가한 정오
느티나무 그늘이 늘어지게 낮잠을 잔다

나는 숨죽이고

등으로만 시간을 밀어냈다

고백

한 여자가 있었다

호수처럼 깊은 눈을 가진 여자는

호수에서 바라보는 저 별을

세상 무엇보다 사랑했고

나는 그녀를 별만큼 사랑했다

그녀는 팝송을 좋아했고

나는 트로트를 좋아했다

그럼에도 우리는 맹세했다

헤어지지 말자고

사랑을 핑계대며 헤어지지 말자고

그런 사랑은 그만큼만 사랑한 것이라고

그녀는 하늘을 보며 별 같은 노래를 부르고

나는 달을 보며 전설 같은 시를 짓기로 했다

하늘을 너무 사랑한 이유일까

그녀는 일찍 하늘로 가버렸고

오늘은 그녀와 그날을 기억하는 내가

죽음 후에도 영원하자던 약속을 어기고
다른 사랑을 시작한 이유를 털어놓고
용서라도 바라는 마음으로
고백하고 있는 것이다
가을엔 그런 것이다

심전도실

너 앞에서
가슴을 내밀었는데

너를 생각했는데
떨림이 없다

들에서는 나락이 익어가고
산에서는 나무들이 단풍들고 있었다

창밖 풍경이 쓸쓸했다

안골 네거리와 달

안골 네거리를 돌아서
돌아서
북일초등학교 언덕 아래로
달이 흐른다
꿈길인 듯
늦가을이
가고 가고
또 간다
은행잎들이
조르르
길을 내었다
자동차가 세차게 달려갔다
바람이 헐떡거렸다
가거라, 비좁은 몸으로 돌아오지 마라
계절 뒤 꼭지에
손 흔들어 주었다
손가락을 벤 첫사랑처럼

외지인

젊디젊은 새신랑부부가
서울 명문대학교를 나와서
노동운동하겠다고 무연고인 정읍으로 왔다
민주화가 되고 나니 들불 같았던 운동들은
경제우선으로 노선이 바뀌었다
그때부터 지금까지 38년째 살고 있다
이 사람들은 아직도 타지사람이란다
마을에서 이장을 하고
기계영농으로 넓은 농토를 책임지고
동네 온갖 잡일까지 도맡아도
어른들 머릿속에는 외지인이다
여지껏 마을을 떠나지 못하는 이유가
자기들까지 떠나면 동네에 젊은 사람이 없단다
노인들의 젊은 자식들은 죄다 떠나고 없는데
둘이서 제일 젊은 육십대라고 한다
이십대 후반에 정착해서

그들이 낳아 기른 자식들도 서울살이 하고
자식들은 고향으로 알고 있는데
지금도 이방인으로 살고 있단다
서울 사는 자식들 고향은 정읍
정읍에서 38년째 살고 있는 사람은
외지인이란다

섣달 매화

성질 급한 친구가

홍매화 사진을 보내왔다

뜬금없다고 하니

작년 것이란다

아직은 음력 섣달, 해가 바뀌지 않았는데

겨울은 위세를 부렸다

텔레비전에선 난투극이 그치지 않고

대통령 생각 따로

국회의원 생각 따로

국민들 생각이 따로이니

이럴 때 매화나 확 피면

사람들 꽃 보러 한마음으로 달려갈 테니

마음이 합쳐지면 국운이 상승하고

나라는 튼튼하고

경제도 좋아지겠지 하는

바람으로 봄바람으로

매화 사진을 그것도 뜨거운 붉은 꽃으로

보냈다고 한다

꽃 피면 사람들 기뻐할 수 있다고 믿는 친구가

정치인보다 종교인보다

거룩하다

계절을 벗어날 때

추위가 몰려왔다고 부산떨 것 없다
뒷장 없는 달력이라고 요란 떨 것 없다
잎사귀 떨어졌다고 나무가 죽은 것 아니고
눈 덮인 산이라도 숲은 비어있지 않다
쌓인 낙엽에도 집은 있고
집이 있는 곳엔 세상이 있다
사막에도 집이 있고
세상이 존재하듯
겨울, 너로 인해 따뜻함을 알았다
내가 없어도 세상은 여전하고
네가 없어도 별은 빛난다
그러니 전쟁, 너도 멈추어라
그만하면 되었다
우주는 여전히 건강하고
세상은 나아지고 있지 않은가

사랑을 위하여

꽃잎 함부로 만지지 말라

꽃에겐 그것이 성기다

감춰지지 않은 성기란 없다지만

해를 보며 활짝 펼치는 성기를 본 적 있는가

더이상 숨지 마라

화창할수록 더 진하고

더 펼쳐 보이는 성기

진혼곡 같은 단어는 잊어라

그늘 속으로 숨지 마라

꽃이여

꽃잎이여

유혹하라

화려하게 춤을 추어라

사랑은 춤으로 화려해진다

벌 나비를 유혹할 성기는 밖으로 내밀어라

고정관념

생활한복을 입고 운동화 신고
전국산천을 걷는 달인
윗몸이 보이도록 유쾌하게 잘 웃는
녹차가 어울릴 것 같은 신정일에게
근사한 찻집에서 우전차를 마시자고 했더니
지나온 길 두 숟갈에
고갯길 한 숟갈
사계절을 간직한 강물도 한 숟갈
아스팔트에 널린 자동차 매연도 한 숟갈
골짜기마다 퇴적되어 있는 역사도 한 숟갈
수많은 책갈피에 서성거리는 쓸쓸함도 한 숟갈
만났던 사람들 웃음도 한 숟갈
푸념하던 사람들 회한도 한 숟갈
모두 섞인 믹스커피를 제일 좋아한다고 했다
자판기에서 뽑은 달달한 커피
부러울 게 없는 맛이란다

3부
동진강을 건너지 못한 슬픔

황산벌을 달리는 계백

 소나기를 맞고 아파본 적 있는가 나는 먹장구름처럼 몰려온 화살 소나기를 맞았다 말들이 달리기를 멈추었고 칼은 허공에서 정지되었다 죽음이 난무하였던 황산벌에 오천 용사는 장렬하였다

 사랑하는 아내여 아이들아, 두 마음을 품지 못하는 나는 백제의 성이었고 너희는 나의 별이었다 성이 무너지는 날 백제 하늘도 사라졌다 벌판을 적의 말이 달려가는 것은 내가 쓰러졌다는 것, 너희 하늘도 나의 하늘도 무너졌다 내 목숨과 오천 용사의 목숨이 별이 되었으나 우리는 목숨 따위 구걸하지 않았다 우리가 지키고자 한 것은 진정 너희의 하늘이었다

 내 이름을 함부로 부르지 마라 목놓아 울지도 마라 나는 죽어서도 굴복하지 않았다 막장에서, 캄캄한 어둠에 파묻힌 채 살고 있는 비목조차 남기지 않았던 용사의 죽음을 기억하

라 나라도 성城도 기억까지도 흔적뿐인 곳에서 사라진 백제를 안고 모질게 살고 있다

  죽어서도 다시 살아야 한다 천년 또 천년을 땅 아래 살고 있다 꼭 필요한 계절이지만 공존이 되지 않듯 우리끼리 공존하지 못하고 공간과 시간을 달리하며 살고 있다 내 목숨이 다 건너지 못한 저 무량한 꿈을 키우며 가족과 용사들의 이름으로 살아간다 사멸한 고요가 숨 막히게 몰아쳐 오는 어둠이 걷힐 때까지 나는 계백이었다

  시간에 파묻힌 채 캄캄한 흙벽 깊은 곳에서 천삼백 년 전 사라진 나라로 살아온 나는 새로운 나라로 다시 살고자 한다 더 이상 죽은 자의 이름이 아닌 산 자의 이름을 새기노라, 나를 기억하는 자 새로운 계백으로 불러다오! 왕의 옆 사람을 경계하라

온달산성

계절이 비어있을리 만무한 날에
가을을 만났다고 좋아하지 마라
산이 좋아서 붉어졌다고 말하지 마라
붉은 마음이 네 마음이라고 다짐하지 마라
빛을 바꾼 산은 외롭다 말하지 않는다
잠이 오지 않는 밤에도
별 하나 안고 싶은 밤에도
바람이 깰까봐 뒤척이지 않았다
밤마다 동침하자는 어스름 달빛에게
눈길도 주지 않았다
세상 사람들이 다 왔다 가고
그리운 안부를 쏟아놓아도
끝내 붙잡지 않았다
그대 소식 궁금하면 눈물 쏟아질까봐
나는 잘 있다고 말도 하지 않았다
오늘 밤에도 날 세운 칼을 잡고
병사들 잠을 지키고 있다

그리운 공주여 그대를 지키고 있다
단단해져 가는 나무가 되어 지키고 있다

고부향교 느티나무

한 번도 사는 이유를 말하지 않았다
그대가 살아있음으로
나는 더불어 살아야 했다
내가 죽으면 그대 어떻게 살까
설움을 담고 한을 품을까봐
급기야 별이 될까봐
나는 살아야 했다

고향, 아니 조국이라고 해도 좋다
치욕의 땅, 몽매했던 우리에게
갑오년이었다 그때 빛이 생겼다
그래서 우리는 사는 거다
비겁하지 않게 목숨 구걸하지 않고
태연하게 죽음을 즐기는 놈들에게
철저하게 응징하며 당당하게 사는 거다

평생 목숨보다 소중하다고 여겼던

너를 위해 기도한다

너를 온전히 세상에 내어놓은

더 사랑하고 목숨마저 바꾸려던

그대가 잡고 있는 끝!

끝내 놓지 못하는 것을

목숨이라고 하자

성리학이라고 하자

아니다

죽창이 되었고 칼이 되었고 총이 되었다

소용없다 지금은 돈이 승자가 되었구나

옳게 살고 떳떳이 죽자고 맹세했던 무리들

지금 어디에 남아있는가

내 소원 들어줄 수 있다면

일월성신日月星辰과 신불神佛에게 빌어서

수만 가지 이유를 다 동원해서 살아보자

죽어버린다면 해결될 일은 아무것도 없다

한오백년 더 살아서 일천년 채워보자

손수건 같은 쌍릉

햇살 좋은 날
서동왕자님과 선화공주님이 따로 묻힌
익산 쌍릉에 참배하고 주변을 걸었다

갈대는 개울에서
억새는 언덕에서 흔들리고 있었다
황금두루마기를 입은 채

물길을 사이에 두고 서로에게 평생 흔들리던
아버지와 어머니가 보고 싶었다
기억만으로 따뜻한 이월이었다

서산마애삼존불

벼랑에 서서 실없이 웃는
청벚꽃 피었다 져도 웃고
해미읍성에서 높은 관을 쓰고
아래 동네 늙은이가 산신령이라고 왜곡해도 웃고
좌우에 마누라들이 질투한다고 곡해해도 웃고
진달래 잎사귀를 입에 문 듯 웃고 있다

백제에서 나서 백제가 떠내려갈 때
의자왕은 손도 못 흔들고 끌려갔고
당나라놈과 신라놈들에게
나라가 망할 때도 웃었다
의자왕 뒷모습을 보면서
그때도 웃었다

빈곤한 민주주의를 외쳐대던 날에도
전쟁물자들을 실어나르는 날에도

남의 나라 전쟁에 손발을 들여놓고도
씻을 수 없는 중죄를 지은 뻔뻔함에도
꽃과 녹음과 단풍과 함박눈에 실어서
해미읍성을 지나 바다로 웃음을 날렸다

석가모니가 인간이 아니었다면
바위가 되지 않았으리라
바위가 웃음이 되지 않았으리라
일천오백년이 지난 지금까지 웃지 못했으리라
부처님 웃음이 사라지는 날이면
그때는
만약 그때는
내가 바위가 되어
벼랑에 서 있으리라
그냥 1500년쯤 웃어보리라

신정읍사

고부에서 만주까지 횃불 밝혀 하늘 문 열리면

부정부패 탐관오리 허둥지둥 달아나고

기울어진 나라 바로잡던 사람들 머리 위로

달 뜨네, 사방천지 가슴마다 달이 뜨네

내장산 월령봉에서 달을 띄우면

천지 너머 송화강에 달이 뜬다네

정읍에서 내민 손 사람마다 손잡고 강강수월래

우리 겨레 가슴마다 불 밝히는 아리랑

슬픔도 비우고 가난도 채운 달하 도다샤

우리나라 천만년 새 세상에 높이 비추라

사람이 하늘인 세상에서 살아보세

겨레 가슴마다 달 띄우는 정읍사

달하 노피곰 도다샤

우리 자유 우리 민주 비추오시라

구지왕릉에 눈이 내렸다

계절의 속살을 뒤적이면
바람 발자국이 찍힌 길이 나타난다
길은 희미해도 가는 사람이 있다
한낮인데 바람 소리가 무겁다
산과 골짜기가 눈보라에 갇혔다
불에도 씨가 있다고 했던가
화인花印이 봄을 통째로 흔들었다

별빛 삼킨 검은 돌들이 어깨를 기대어 둘러 있었다
빗금 친 흔적마다 슬픈 길이 있었다
일천오백번의 봄을 해치우고 또 봄을 기다리는
가야왕 돌무덤 앞에 눈매 사나운 바람이 번을 섰다
그의 앞에 눈이 떨어지면 바람이 냉큼 쓸어갔다
무성한 덩굴조차 그의 담을 넘어오지 않는다고 했다
돌에 앉은 이끼의 언어는 침묵이었다

오가는 이 있다고 외롭지 않은 게 아니다
수만 번 다녀간 해와 달도 머무르지 못하는 손님이었다
솔부엉이 짧은 울음소리가 바위에 스며들었다
어둠도 따라서 스며들어 갔다
오래된 시간이 보이지 않았다
어떤 길로 왔는지 묻지 않았다
절망에는 과거에 대한 결핍이 묻어있었다

철의 나라 대장장이는 불티도 남기지 않았다
한기가 발바닥으로부터 올라왔다
발 시린 족보가 전해져왔다
바싹 마른 바람이 앓는 소리를 내며 지나갔다
쇠를 녹이던 뜨거웠던 왕은 가고
소리조차 얼어버린 골짜기에 식은 철을 베고
쾅쾅 놀란 가슴으로 누운 가야왕이다
나무는 가지마다 눈꽃을 피웠다

눈물 같았다

왕은 아직 해동을 기다리고 있었다

반가사유상

엷은 미소를 보면

그대가 생각난다

턱을 괸 모습을 보면서

그 사람 마음을 헤아려본다

오른쪽 발을 왼 무릎에 얹고

치마인 듯 날개인 듯한 옷을 걸친

늘씬한 상체를 보면서

내가 꿈속에 있구나 하고 느끼다가

꿈인 듯 현실인 듯 알아차리기 어려웠다

그대를 처음 만났을 때도 그랬다

관음보살은 무슨 생각을 하고 있을까

30년을 함께 살아왔으면서 생각을 알지 못해

오해로 이어질 때가 있는데

당신 생각을 어떻게 알아내지?

하기야 내가 누군지도 모른 채

안다 안다 하였다
내 마음도 그대 마음도 헤아리지 못하면서
보살도를 실천하자고 하였구나
관음보살 미소에
한 계절이 지나가고 있다

미륵부처님께 물었더니
— 월주스님 1주기에 부쳐

미륵전 부처님께 물었더니
그 스님 산으로 갔다고 하네요

모악산 어느 골짜기 물소리 들으며
가부좌 틀고 앉아 있을 것 같은데

이런저런 소식을 물어오는 새들과
아직도 습관처럼 중생 염려하느라

주장자 짚어가며 바람 일어나는
골짝으로 들어가서

뭉게구름 타고 노닐지 못하고
선문답으로 바쁘다고 하네요

고부향교 앞 능소화

경건하게 하늘이 푸른 날

담장 아래 심어놓고 사람만

보라는 건 아니다

꽃들은 상대를 고르지 않는다

공자 안자 증자 맹자 순자 주자 송자

자자자자 자자자

낮잠 자러 가야 할까

문자들이 파자되어 휘날렸다

진리는 단순하게 오래되었고

지혜는 오래된 진리로부터 발효되고 있었다

학동들이 동재 서재를 드나들며

부귀영화는 과거시험에 있고

진리는 합격여부에 있다고

양사재 책들을 탐독하였을 것이다

공자왈 맹자왈 성인이 되기 위해
하늘로 향한 푸른 길목에
등불 밝히었다
혼란은 어둠과 찬란함이 모아진 단어

착함이 되는 병통을 구하고자
사람끼리 관계를 했다
분노할 줄 모르는 사람들이 모여

하늘을 바라보니 혈압이 올랐다
땅을 바라보니 당이 올랐다
어디를 봐도 올라야 했다
문명의 원리를 찾기 위해서
하늘로 올랐나?
낭창낭창한 낭설들이 분분하였다
한 오백 년은 되었음직한 은행나무가

허리를 75도쯤 공손히 굽히고

홍살문을 지켜보고 있었다

단비斷碑
— 고부 군자정

고부에 가거든 군자정을 보아라
암행어사, 관찰사, 군수들의
송덕비와 영세불망비들이 나란히 서있지만
두 동강 나서 절반씩만 서있다
동학혁명군이 아니다
일제강점기 왜놈의 짓이 아니다
학정을 일삼고 돌에 새겨 넣은 이름을
이제야 단죄한다고
큰 망치로 두 동강 낸 것이다
민심이었다

내 밑둥을 일백년쯤 파 보아라
근간根間마다 비겁하게 숨은 자들이
시간의 그늘에 숨어 살고 있다
그림자로 살고 있다
우리가 살아야 하는 이유가 너의 목줄을

지상으로 끌어 올리는 일이다

그리하여 시간마다 그늘을 제거하고

그림자를 색출해 내는 일이다

뿌리가 환해지게 하는 것이다

아이들도 찾지 않는 한적한 날에는

밑둥이 간지러워 못 견디겠다

이놈들아 장난을 그만두어라

내 뿌리는 너의 심장까지 뻗을 것이다

잘려진 몸통과 부러진 밑둥들이 발악 중이다

내 슬픔은 동진강을 건너지 못했다

황토현을 다녀오다가
동진강을 건너오다가
뒤따라온 노을을 바라보다가
왈칵 네가 생각났다
내 생에
구멍 같았던 네 이름
하필 노을 앞에서 생각났다

가을빛을 옴싹 끌어안은 나뭇잎이
위태롭게 까불거렸다
횃불같았던 태양이
황토현 너머로 잦아지고 있었다

100년 동안 성을 바꾸어 살면서도
숨어 살았지만 조상을 원망하지 않던
혁명군의 자손이었던

사실을,

사실을 부정하였던 과거를

누구에게도 알리고 싶지 않았던

자네 조상만의 일은 아니지 않은가

일제 앞잡이 후손이 국회의원으로 빛나는 모습을 보면서

사회지도층으로 활보하는 모습을 보면서

가슴에 한을 재우고 사는 사람이

어디 자네만 있겠는가

공존이라고 말하지 마라

아직도 우리는 슬픔이 쌓여 있다

이 슬픔과 연대하라

이 분노를

그들 앞에 펼쳐놓고 맘껏 통곡할 날 오리라

직지에게 말하다

해를 맞으러 가야 한다
먹물로 범벅된 밤을 벗어나기 위해
어느 짐승의 뱃속처럼
붓과 붓으로 글자와 글자로 이어진 세상은
비밀과 권력이 모이고 칼이 그림자에 숨어들었다
말들만 무성한 고려 땅 천지가 컴컴했다

땅 기운을 모은 불구덩이에 둘러앉아
"음은 유柔요, 양은 강剛이니 부드럽게 시작하여 강하게 거두어라"
다라니를 외우며
까만 음을 바탕으로 하얀 양을 키우기 위해 음을 단련했다
붓은 자체로서 양이오, 양을 잡은 손도 양이라
새빨갛게 달아오른 태양의 몸을 물로 바람으로 식혀 음이 되었다
심봉사와 전국의 맹인이 같은 날 같은 시간에 눈 뜬 것처럼

글자 한 자에 북소리가 일어나고

문장 하나에 종소리가 울려 퍼져

대방광불화엄경을 적어보고 싶었고

대다라니를 외우며 부처를 친견하고 싶었다

마음을 먼저 간수하라

마음을 간수하지 못하고 마음을 쓰는 것은

붓으로도 사람을 벨 수 있으니

칼에 베었다고 변명마라

마음을 갈무리 하는 건 사람을 사람으로 보는 시작이라

칼을 바르게 사용하는 법이 검법이고

붓을 바르게 세우는 일은 서도요

마음을 바르게 간수하면 자비심이라

검법도 마음을 수련하여 검도에 이르듯

지극한 마음으로 사람을 바라보면 불도에 이르나니

마음이 붓이요, 붓이 곧 칼일 때 도를 얻고 부처를 볼 것이라

하단전에 생각을 모은 후 세상을 보라

마음 가는 곳에 붓이 가고 글자가 모인 곳에 힘이 생기나니

소문 없이 전국의 산으로 번지는 진달래처럼

부처의 가운데 토막 말씀을 모아

최초의 금속활자 직지심체요절요를 세상에 내었다

겨울꽃

함박눈이 소복이 쌓인 날

꽃은 피어난다

찬바람이 세차게 부는 날

향기를 뿜어낸다

철없이 피는 꽃이 많아졌지만

한겨울에 피는 꽃

사랑이더라

뜨거움이 솟아나고

따뜻함이 전달되고

평안까지 주는 꽃

추운 날에 안부를 물어주는

문자 혹은 전화

11월

다시 자작나무숲으로 가야겠다
설표처럼
묵언시간을 늘리고
사람과는 덜 만나도 좋은
이 가을
홀로 있음은
얼마나 큰 스승이더냐

완벽으로 단단해지기보다
틈으로 빈자리 마련하는 것이다
자작자작 바람에게 속삭이는 것은
너와 나의 거리만큼 비어두는 것이다

마이산 탑사 돌탑이
태풍에 무너지지 않는 것은
살짝 내어준 틈이 있어서다

첫 눈을 맞이하고

첫서리를 맞이하는

십일월 어느 날엔

다시 길을 떠나도 좋으리

삼일절

그날이 왔다

남쪽에서 하얀 옷 입고 올라왔다

조선사람 열중 한명은 만세를 불렀다

만세를 부르면 옆사람이 이어서 불렀다

두 달을 목청껏 불렀다

이백만명이 만세를 외쳤고

왜놈, 웬수놈들이 휘두른

몽둥이와 총칼에

일만오천명이 다쳤다

칠천오백아홉명이 꽃잎 지듯 죽었다

바람이 불어도

비가 와도

맑은 날에도

만세 부르며 조선천지로 이어갔다

시련이라고 말하지 마라

시련 없이도 우리는 잘 살 수 있었다

축복이 고통으로부터 오는 것이 아니지 않느냐

고목나무에는 물 주지 않는다고 하지만

시절이 맞으면 다시 꽃이 핀다

우리는 반드시 일어날 수 있었다

오늘 만세를 부르며 너희를 결코 잊지 않으리라

봄동이 피었다

비탈밭을 다 갈아야 하는
나이 든 소 한 마리

땅의 숨골을 알고
그 숨소리에 맞춰 걷는다

걸음새마다 거친 숨을 풀어버리고
대신 들판을 한 아름 안았다

억센 힘을 비탈밭에 풀어 놓으니
봄동이 피었다

봄동을 좋아했던
아이들이 삼삼하다

4부
야 까리예츠

야 까리에츠*

 칠월이 통째로 나무 그늘에 늘어져 있는 우즈베키스탄 한여름 살덩이가 나뭇가지에서 늘어진다 잎들 사이로 태양의 신경이 엿 보인다 섭씨 48도, 뭉툭한 듯 뾰족한 햇살이 오래된 전쟁처럼 땅을 향해 화살로 쏟아진다 당산나무 아래 평상에는 별이 흘려둔 그림자가 70년대 흑백세트장 필름을 돌리고 한 무리 사람들은 그림자를 깔고 앉아 나르듸**를 놀고 다른 한 무리 사람들은 싸움닭 부리와 발톱을 갈고 있었다 낮잠 자는 사람 옆이 비었다

 대문 틈새로 밖을 엿본다 오늘은 보이지 않는다 수문장처럼 대문 앞에 앉아 평상으로 가는 길을 막았던 오브차카***가 보이지 않는다 좌우 어디에도 없다 한 발 또 한 발 디뎌본다 평상을 향한 길이 뒤뚱거린다 인간세상으로 가는 길이다 할애비 창가唱歌가 등에 붙어 따라오고 있다

 "개를 만나거든 잡아먹겠다고 일러라, 아버지 또 할아버지

그 이전부터 카리예츠라고 알려라"

 대가리가 아기 몸만 한 개가 어느새 다가와서 기저귀에 머리를 들이대고 큼큼거리며 이빨과 포획 사이를 가늠하고 있다 아기가 걸음을 멈추었다 세상은 적요하다 솔개는 공중에서 정지했고 마중 나간 당산나무 이파리들이 파랗게 질렸다

— 야 카리예츠!

 개는 달렸다 천둥이 울리고 번개가 쳤다 혀는 길게 삐져나왔고 꼬리를 하늘로 치켜들고 달렸다 쬐깐한 게 귀신같은 얼굴을 들이밀고 뇌성을 지른다 두 손이 허리춤에 올라가 있고 눈가엔 눈물이 괴었다

 여름이 기우뚱 현기증을 일으키고 폭염은 고독을 피웠다 사막에서 핀 꽃은 여름을 두려워하지 않는다 눈빛 우글거리

는 나무 아래로 기저귀를 차고 가는 것도 한 생이다 싸움닭
들이 고개 돌려 경배하듯 싸움을 멈춘 한낮, 의기양양 아이
는 세상을 가졌다 그러나 아직 개고기를 먹어보지 못했다

*나는 고려인(한국인)이다.
**우즈베키스탄 주사위 놀이로서 화투만큼 대중적인 놀이다.
***중앙아시아 양몰이 개로 거대한 덩치로 위압감을 준다.

키질쿰과 겨울

키질쿰*에서 겨울을 만나면
원수, 겨울보다 더 어울릴 수 없다
다른 계절보다 겨울은 인내를 요구하는
쓸쓸하고 외롭고 뼛속까지 한기로 고문할 때
내가 죽어서 모래가 된다는 쓸쓸함으로
낮에도 돌아갈 곳이 없다.

밥을 먹다가 원수놈의 겨울 앞에서 밥을 먹다가
적개심을 갖고 일제 앞잡이를 본 듯,
살의를 품는다.
매국노 이거나 혈육에 해를 입힌 놈처럼 살의를 갖는다.

밤은 길어지고 발바닥으로부터 흰 뼈를 타고 내장과 등짝까지
전신에 치를 떨게 하는 한기,
돌아갈 길 밝혀줄 가로등도 없고 기도할 촛불도 없는

내 생은 겨울 앞에서 떨고

겨울, 너의 잔인함은 나를 쓸쓸하게 하는 힘
오늘은 너에게 대항할 힘을 찾아야겠다.

새벽 3시, 느닷없이 병원영안실 근무자의 호통 소리에 놀라 달려갔던 오래된 기억은 널 닮았다. 두어 시간, 딱 두어 시간 전에 전주풍남제전 잔치에서 빗자루를 들고 마무리 봉사한다며 눈인사를 나누었던 아버지는 택시기사의 과속에 칠십 생애를 잃었고, 나는 이해되지 않아서 다시 물었다가 "병원이라면 재까닥 달려와야지 묻긴 뭘 물어?" 영안실 근무자의 호통에 허둥댔던 나의 기억이 널 닮았고, 너는 스며드는 스파이의 간사함처럼 여전히 겨울, 내부자의 눈을 갖지 못한 나의 우둔함으로도 어찌 너에게 살의를 느끼지 않겠느냐

불 밝혀도 식은 밥이다.

원수 앞에서 어찌 밥이 쉬이 먹히리

나는 식은 밥을 두고 맹세도 기도도 하지 않을란다.

*중앙아시아에 있는 사막 이름. '붉은 사막' 혹은 '자갈 사막'이라고 불리는데, 우즈베키스탄과 카자흐스탄에 걸쳐 있다.

카라칼팍키스탄 평원

'시간을 죽인다'는

절정에 다다랐을 때보다

아무도 없을 때 솟아나는 동사이다

아무도 없을 때

개미도 지나가지 않고

바람도 불지 않고

햇빛과 단둘이서 지평선을 바라보는 것

소리를 듣고 싶어도 들리지 않는

까마득한 시선과 청각의 한계

그걸 막막함이라 부른다

시간은 막막함으로 수전 어슬렁거리고

지평선은 밤에도 같은 자리다

시간을 낚아채어 악에 받쳐 소리 질러도

대답이 없다

저 평원에선 메아리가 없다

이럴 때 시간을 죽이고 싶어진다

결코 살해당하지 않을 시간이지만

나는 살의를 일으킨다

고장난 자동차 부품을 구하러 떠나간 운전수

아홉 시간째 연락 없다

평원에선 안테나도 없다

어쩌면 이삼일 돌아오지 않을 수도 있다고 생각될 때

별들이 우박으로 쏟아지려고 할 때

두려움이 엄습할 때

칼로 코흔*을 쪼개 배를 채우면서

죽인다는 동사를

평원에 쏟아 놓았다

*우즈베키스탄에서 제일 흔하지만 유명한 과일, 메론이다.

아랄해

한때 바다였던 아랄해가 비어가고 있다
양떼들 눈 속엔 까마득한 수평선이 있었다
목화밭으로 물고랑이 나고부터
물길은 강으로 향하지 않았고
강은 바다로 흐르지 않았다
바다로 가는 길을 잊은 물은
담배꽁초와 담뱃갑과 콜라병을 태우고
검은 비닐봉투도 데리고
이리저리 사막을 돌아다니다가
어느 낯선 목화밭에서 증발하고 만다
그 사이 내 안에서 뛰었던 물고기가 사라졌다
어선들은 폐선이 되어갔고
어부들은 도시로 사라져 갔다

푸른 물로 찰랑대던 곳에서 먼지가 날리고 있었다
한때 파랗게 빛나는 파도를 일으킨 적이 있었다

기억조차 사라진 늘씬한 수초들

수초를 누비고 다녔던 물짐승들

물가에서 목을 축이던 짐승들

그리움이란 단어에는 사라진 것들을 추모하는

제사의식만 남아있었다

목화밭은 화사하다

아이들은 목화를 따며 푼돈을 번다

푼돈을 지급한 권력은 솜을 수출하여

큰돈을 벌지만

그 돈으로 바다로 향한 길을 막아놓고

백금을 채취하고 있다

목화를 백금이라고 부르는 이유다

고급 메리야스와 팬티는 자본주의 깃발이 되어

몸을 칭칭 감고 도시에서 펄럭이고 있다

아랄해는 날마다 사라져가고 있었다

누쿠스 사막

지나간 길은 기억하지 않는다
지워버린 그 길을 가지도 않는다
날마다 새롭게 길은 생겨나고
새로운 길을 가야 한다
금방 떠나온 발자국이 사라졌다

몸에 뼈가 있다고 기억하지 말아야 한다
나무조차 뼈를 남기지 않는 사막에서
막막할 땐 집으로 돌아가듯 뒷걸음질 치면
제 발자국이 보이고
자신을 인식하기도 한다

누군가를 기억하고
누구를 사랑하는 일은
모래와 모래 사이 같다
만져지지 않는다고 사랑이 아니듯

기억과 잊혀짐에는 틈새가 있다

태양을 비껴가기 위해 애쓰지 말아야 한다
별들로부터 숨으려 애쓰지 않아야 한다
날마다 날마다 날마다 맑아서
껍데기 벗겨진 사막이 되었으니
낙타처럼 모래를 견고하게 딛고 건너야 한다

키질쿰에는 뼈들이 산다

키질쿰에 사는 뼈들은 부지런하지 않다
누군가 아랫녘 뼈를 싣고 코카서스로 가고 나면
흰 뼈들이 눈을 뜨고 하늘을 본다
늑골은 아직 잠이 덜 깼다
턱뼈가 해시계를 바라본다
시간 속으로 새 한 마리 날아갔다
침낭 속에서 속눈썹을 껌벅거리는 낙타
은신처를 찾지 못해 불면했다

사막에서도 잘 자라는 것은 턱수염
양 떼는 만날 때마다 반갑지만
무심한 그들의 눈동자에 비친
옥수수수염 같은 내 턱을 감춘다
감정조차 먹어치우는 양 떼를 조심해야 한다
흰 뼈에 수염이 남아있지 않는 까닭이다

모래에 박혀 있는 뼈들은 모두 하얗다
무의식과 의식을 먹어치운 바람 때문이 아니다
흰 뼈에 숨어 검은 뼈가 노래하는 까닭도 아니다
흔하디 흔한 구멍에 이끼가 없고 비석도 없다
부활이란 문자도 없다

뼈들은 저마다 혼자 음악을 한다
아무도 기억하지 않을 때
사막에 숨겨둔 혀가 돌아와 노래를 한다
안테나가 끊기면 목동이 나타난다
목동은 뼈를 감추었다
낙타가 뼈를 찾아 뼈의 바깥을 핥았다
낙타 혀에서 까칠한 바람이 일었다
한 뼈가 하얗게 살아났다

있고 없고

부재인 줄 알면서
빚진 도깨비 평생 동안 빚을 갚듯
너에게로 향한 마음은
밀어내도 밀어 내도 품에 드는데
침간산*에 눈 쌓이고
마당에도 차곡차곡 눈은 쌓이고
그림자 우두커니 서서
외로움을 재고 있는
오늘 밤엔 지치지 않을 자신이 없다

봄부터 겨울 지나 다시 봄
기다림에서 기다림으로 이어지는
그 결말은 늘 종결어미가 희미해지고
참을 인자 세 번에 세 번을 곱하여
다시 기다림으로 이어지는 끄트머리를
알면서도 기다리는 것이다

기다림은 내 생의 전부였다

쉬이 오지 않을, 절대로 다시 오지 않을 젊은 날

어쩌면 오지 않는다는 사실을 알면서도

깨고 싶지 않은 꿈이었다

희뿌연 달빛에 춤추듯 눈은 내리고

눈은 지금도 쌓이고

지치지 않는 저 사람

기적이란 그림자를 간직한

* 천산산맥의 끝부분, 우즈베키스탄의 산 중의 하나.

봄이 왔다

언젠간 잊혀지겠지

버릇처럼 꽃 피면

또 너를 생각하며 꽃길을 걷는다

문자가 왔다

오늘은 봄을 구경하세요

하루종일 걸었다

수많은 사람들이 지나쳐갈 뿐

눈빛도 교환하지 못했다

아는 사람이 없다는 것보다

모른 채 지나치는 사람들

너를 그리워하는지

너를 용서하자고 하는지

꽃잎이 함박눈처럼 휘날리는 나무 아래 앉아서

다시 올 봄을 시작으로 할까

소일이란 단어가 귀한 시간을 낭비한다는 의미라서

매우 부정적이라는 선배의 말을 곱씹어 본다

너를 생각한다는 것은

그리워하는지 용서하는지의 문제가 아니다

봄이 왔다는 것이다

너를 용서한다는 말은 봄에게 미안하다는 말

네가 떠난 것보다 떠난 이유가 더 궁금하다

너를 잊겠다고 한 말이 가시가 되었다

가슴을 쿵쿵 울리며 봄처럼 번식하던 너

나를 잊고 떠난 너는 이 봄 어디에 있는가

사람으로 태어나

사람으로 태어나 목숨 다할 때까지

사람으로 살다 가면 얼마나 다행한 일인가

수많은 생명 가운데 사람으로 태어난 것은

얼마나 다행한 일인가

생각할 줄 알고 미래를 염려하기도 하고

죽음에 대해서 두려움을 갖는 것

얼마나 대단한 일인가

가난한 가정에서 태어난 것도

저명인사의 부모가 아닌 것도

대단히 잘나지 않은 것도

사람으로 태어났으니 얼마나 다행한 일인가

부잣집에서 나지 않았어도

영어권 나라에서 나지 않았어도

호걸이나 미녀로 나지 않았어도

사람으로 태어났으니 얼마나 다행한 일인가

어느 나라 시민, 누구의 자식보다

어떤 사람으로 태어나더라도

죽을 때까지 사랑하다가

죽도록 사랑만 하다가

목숨 다할 때 사랑하는 사람의 손을 잡던가

사랑하는 사람이 지켜보는 가운데

떠나갈 수 있다면 얼마나 행복할까

마음을 빼앗긴 눈은 아무것도 보지 못한다

마음을 빼앗긴 귀는 아무것도 듣지 못한다

빼앗기지 않고 서로를 알아볼 수 있는

함께라는 말이 어울리는 동행인이 있다면

얼마나 믿음이 있을 것인가

그런 사람이 있다는 것으로 사람답게 살았다는 것이다

그동안 숱하게 많이 쏟아놓았던 말을 끊어 버리면

비로소 자유로워질 텐데 통하지 않을 것이 아무것도 없을 텐데

내 앞을 가로막은 것을 장애라고 생각하지 말고

지금 사람으로 태어난 것을 다행이라고 생각한다면

사랑하는 사람이 늘 가까이 머물 것이며

행복은 더욱 가까이서 지켜볼 것이다

사마르칸트에 달 떴다

삼천 년 된 사마르칸트를 뒤에 두고
비어 있는 세상으로 달려가면
큰 달이 헐떡이며 뒤쫓아 온다
달을 떼어놓으려고 빠르게 달리면
달은 몸집을 점점 줄이어 따라온다

빗소리 그친지 오래인 사막
오래라는 단어가 오래된 사막
1만 년 문명이 이어진 사막길을
타슈켄트로 달리는 곳에
달 하나 딸랑 달려온다
내 뒤만 숨가쁘게 달려온다
나는 더 세게 달릴 수 밖에 없다
에여, 내가 먼저 지치겠다
방문을 잠가라
달 쫓아 온다

너 하나쯤 기억하는 일

살아가는 것은

살아온 만큼 사라지는 일이라서

뒤돌아보면 온 길만큼 멀어진 처음처럼

시간은 앞에만 있고

뒤 시간은 종적을 감추었다

높이만큼 반발하는 공처럼

멀어진 거리만큼 되돌아가버리는 고무줄처럼

탄력이 있으면 좋으련만

아니면 가벼워져서 공기보다 가벼워져서

가진 게 없을수록 높이 올라가는 풍선이 되어

그것이 최선이 되어

고부향교 은행나무처럼 한 자리에서

온갖 것을 기억하고도

모른 채 뒷짐 지고 오백 년쯤은 가볍게 살아버리든지

하여튼 부처처럼 한 곳에 앉으면 천년쯤은

게눈 감추듯이 빠르게 치워버리든지

너 하나쯤 기억하는 일

쉬운 일이었으면 좋겠다

물이밥

우즈베키스탄 여름은 무척 덥다

사막을 품고 있는 땅에

참 순한 사람들이

땀도 흘리지 않으며 산다

추운 원동에서 억지로 온

고려사람들이 한을 안고 와서 산다

후손이라고 해도 감사한

마음 끓는 사람들이 산다

아리랑을 부르고

한식날엔 다른 나라에서도 달려오는

삼년상을 치르는 사람들이 산다

질쿰이*에 디비**

장물이***에 짐치를 맛있게 먹는

사람들이 난링구를 입고 식당에 앉아

국시****를 먹지 않고

물 한 사발에 밥을 말아 먹는다

기가 막히게 나도

물에 밥을 말아 먹었다

*콩나물
**두부
***된장국
****국수

서울로 올라가야지

한라산에서 출발하여 지리산을 지나서 단박에
백두산 천지까지 올라가고 싶다
백두산 가는 길이 자유롭지 못하니
백두산 보다 높은 서울에 올라가야겠다

제주도에서도 전라도에서도
경상도와 충청도에서 강원도에서도
서울로 올라간다
한때는 삼팔선 너머에 사는 사람들도
경성에 올라간다고 했다니
서울은 산보다 높다

월세살이 전세살이로 한숨이 나와도
은행에 매월 이자를 내고
건물주에게 꼬박꼬박 월세를 받치면서도
높은데 살려면 대가를 치러야 하므로

그까짓 세금에 세금을 낸다고 대수인가
서울에서 살아야 한다
부대끼는 것은 행복
경쟁하는 것은 숙명
타인과 타인끼리 따로 따로 몰려들어
돈 벌어야 하고 권력을 잡아야 성공한다
일자리와 놀거리가 많은 서울에 살아야 한다

자식 만나고 고향으로 돌아가면서
"나 내려 갈란다" 하고
고향으로 돌아가는 사람은 낙향한다고 하고
지역은 내려가야 하므로 서울을 떠날 수 없다고 하고

모악산 母岳山

팔십 평생 한을 담고 살아온 사람처럼
산 이름에 악자가 들어가면 힘들다는데,
하기사 한자가 달라서 포근한 산이 되었지
출세해보겠다고 서울로 올라갔다가도
고향이 그리울 때면 생각나고
부모가 생각날 때도 생각나는 산이지
산은 사람이 귀해야 서로 만나서 반가운데
모악산엔 전주사람 김제사람 완주사람 즐겨 찾고
모임을 한 후에 같이 가보자고 어울려 가는 산이지
악嶽으로 깡으로 살다가도
악岳착같은 마음 조금씩 털어내면 결국 비슷해지는
너털웃음이 울려 퍼지는 산이지
서울 사는 아이들이 돌아와도
정년하고 서울 말고 어디를 두리번거리면
함박웃음으로 '어여와' 하며 반갑게 맞이해주는
어머니가 먼저 생각나는 산이다

머나먼 길

서울에서 부산까지 자동차로 쉬엄쉬엄 가면 6시간
비행기 타고 미얀마로 가는 시간도 비슷한 6시간
군부독재자들이 만행을 저지른 곳
사람들이 슬프게 살고 있는 곳

푸틴은 탱크와 군인들을 우크라이나로 보내놓고
아침에 일어나 커피를 마시고
사람을 만나는 일을 한다
만찬을 하며 즐겁게
'사랑'을 이야기한다

젊은이들은 총을 들고 싸우고
총을 쏘아 사람을 죽이고
어떤 날에는 전우가 죽기도 한다
그들은 죽고 죽이는 전장에서
누구를 위해 이런 짓을 하는지 묻지 않는다

사람을 죽이면 부모형제가 안전하고
국가가 발전되고 나라는 부강하여
모두 잘 살게 된다고 생각한다
아니다 아니다 그게 아니다
누군가의 명령에 따라 사람을 죽였다
사람에게 사람을 죽이라고 말하고는
그들은 여전히 편안하다

수많은 나라들이 전쟁 중인 나라를 염려한다
속으론 그들로부터 전달되어질 물가를 염려한다
주식이 떨어지는 것을 염려하고
기름값이 올라가는 것을 염려하고
가진 돈의 가치가 변할까봐 염려한다
이것도 그저그런 생활을 하는 가진 것 없는 사람들의 걱정
돈이 있고 권력이 있고 정보가 있는 사람들은
어느 시점에서 돈을 세고 미소 지을까를 생각한다

머나먼 길을 걸어서 가야 한다
가면 돌아오지 못할 길을 탱크 타고 가야 한다
자동차를 운전하고 컴퓨터 자판 두드리거나
스마트전화기로 게임 하는 게 일이었는데
어느새 탱크 타고, 총을 들고 가고 있다
사람을 만나면 적개심으로 총을 쏘며
누구로부터 살인면허를 받고
어떤 권리로 사람을 죽이러 가는가

구름 냄새나는 그대

내가 당신을 본 것은 운명이었습니다

당신에게선 구름냄새가 났습니다

그대는 스스로를 위해 착해진다고 했지요

정해진 운명을 거스르지 않기 위해서라고 했지요

그대의 웃음엔 깨끗함이 가득했지요

무지개처럼 빛났지요

살아야 한다, 살고 싶다

숙명의 장막을 걷어버리고 자유롭게 살고 싶다고 했지요

이념도 자본주의도 마주치고 싶지 않다고 했지요

가슴 뭉클해지는 노을을 보고 싶다고 했지요

시간이 다시 주어진다면 절대로 떨어지지 않으리라고 했

지요
 중앙아시아 넓은 땅을 다 차지하고도 돌아갈 조국이 없다
고 했지요

 당신이 날 바라본 것은 숙명이라고 했지요
 내게서 바람냄새가 난다고 했지요

슬픈 사회를 추모한다

아름다운 세상이라고 하지만
태어나자 마자 울음부터 터트린 것을 기억하는가
천상병 시인은 한 세상
소풍이었다며 승천하였고
지상에 남은 사람들은
힘들다고 아우성이다
꽃잎으로도 때리지 말라는데
어느 집에서 아동 학대가 끊이지 않고
심지어 계부모에게 죽임을 당하였다
(젊은 친부모에게 살해당한 아이도 있다)
국화꽃잎에 서리로 맺혔다가 간 것인지
봄날 꽃그늘에 이슬로 맺혔다가
소리 없이 떠나버린 아이들아
너희 세상에 시인을 만나거든
아름답지 않았노라고
사람이 사람을 죽이는 세상은

절대 아름답지 않았노라고 말하라
골목마다 살의가 번뜩이고
바다에서 단체 희생자가 발생하고
이태원 골목에서 집단 주검이 생겨나는
지금도 지구 어디에서는 서로에게
살인면허를 남발하며
총을 쏘고 대포를 쏘고
미사일을 날린다고 전하라
아직은 소풍 다닐 만큼 아름답지 않다고

해설

회감의 서정과 역사적 상상력

고명수(시인, 전 동원대 교수)

1. '이야기의 덩어리'로서의 자아

인간은 서사의 동물이다. 서사의 능력은 인간의 본능적인 것으로 이야기를 만들어내는 능력이다. 이야기를 통해서 인간들은 자연과 우주의 신비로운 변화와 운동을 노래하고 그 시간적 변이를 기술한다. 그러므로 이야기 속에는 인간의 삶이 고스란히 녹아 있다. 자아는 '이야기의 덩어리'이자 일회 기억의 집적물이다. 그것은 내가 나에게 한 이야기의 집적물이기도 하다. 삶의 매순간마다 우리의 의식은 경험을 편집하고 재구성해서 하나의 이야기를 만든다. 우리의 기억은 이러한 이야기로 이루어져 있다. 자아는 결국 기억된 이야기의 덩어리라고 할 수 있다.

김현조 시인은 머리말에서 "내가 지은 시를 이야기 詩라고 이름 지었다"고 말한다. "이야기가 없는 길은 쓸쓸하다(「비사벌초사에는 달 냄새가 난다.)"라는 그의 말처럼 삶은 우리에게 이야기를 남긴다. 시인이 독자에게 하고 싶은 이야기는 삶의 고통과 환희와 성찰에 관한 이야기이다. 거기에는 삶의 숙명적 본질을 긍정하며 생명을 연민하고 자본주의에 침윤된 현대적 삶의 실상과 세상의 부조리와 비리를 고발하고 생태주의와 공동의 선善을 지향하고자 하는 의지가 있다. 이러한 시적 전통은 멀리 고대의 『시경』으로부터 조선 후기 정약용의 시를 거쳐 현대의 리얼리즘 시로 면면히 이어져오고 있는 흐름이다.

시의 정서는 기억으로부터 파생된다. 개인의 기억이란 사적으로 소유되고 개인의식의 용량 안에서 저장된 것이다. 구성주의적인 관점에서 보면 기억은 사회적으로 할당된 하나의 현상이다. 우리는 특별한 기억을 불러일으키는 다른 사람들의 말이나 표현에 대하여 대화적인 반응들을 기억한다. 그런 점에서 언어란 비트겐슈타인(Ludwig Wittgenstein)이 말한 것처럼 "어느 특정한 개인이 소유한 자신만의 인지 과정이 아닌 다른 사람들과 함께 실행하는 게임"이다. 결국 시란 하나의 게임이다. 나만의 암호체계로 나의 사상과 감정을 표출하는 장르이다. 여기서 문제가 되는 것은 시는 '일점집중一點集中의 미학을 추구하는 데 비해 이야기 즉 서사는 시간의 흐름이 개입되기 때문에 장르 선택의 문제를 깊이 고려해 보아야 한다는 점이다.

2. 회감의 서정과 역사적 상상력

모든 존재는 태어나고 자라고 시들어 죽는다. 제행무상, 생주이멸의 운명을 피하지 못한다. 이러한 존재의 숙명에 대해 인간이 느끼는 정서는 부조리의 정서와 '회감回感'의 정서이다. 그것은 개인적 차원에서도 역사적 차원에서도 발생한다. 필멸必滅의 존재로서 인간은 매순간 상실을 경험하면서 살아간다. 프리드리히 니체가 천명했듯이, 인간이란 '극복되어야 할 그 무엇'이다. 그러므로 애착하고 사랑하는 대상을 상실했을 때 인간은 그것을 극복하기 위해 애도의 과정을 거치게 된다. 이러한 애도행위의 하나로 글쓰기 또는 시 쓰기가 활용되기도 한다. 상실이란 자신과 연결되어 있는, 즉 사랑하는 관계에 있는 사람이나 동물, 상황, 그리고 물건 등을 잃어버렸을 때에 우리 내면에 느끼는 감정의 파편이며 비애의 고통을 동반한다. 사랑하는 대상의 상실은 매우 가까운 관계의 단절로 인해서 발생하는 반응이며 이러한 감정 상태 속에는 슬픔, 분노, 무기력함, 죄의식, 절망 등 복합적인 감정이 작용한다. 프로이드에 의하면 상실되어진 객체에 의하여 더 이상 영향을 미치지 않게 되면서 자아가 자유롭게 되고 거기서 애도가 완성되는 상태로 본다. 정신분석 이론은 상실이나 비애를 무엇인가를 극복하고 무엇인가에서 벗어나는 상태로 설명한다. 시인들은 시를 씀으로써 자신의 인생에 의미 있는 기여를 했던 사람이나 사물, 상황을 적극적으로 회상하는 적극적인 과정을 거친다. 그것은 창조적인 과정으로 관조를 통해 인생 이야기를 발전시키는 과정이다. 그러므로 시를 쓰는 행위는 추억이라는 이미지에 수동적으로 종속되어 있는 것이 아니라 적극적인 기억의 과정으로 볼 수 있다.

> 흔하디 흔한 들판에
> 이리저리 뒤채이던
> 민들레 한 무더기를 어디서
> 캐 오셨는지
> 뒤란 금 간 장독 뚜껑에
> 옮겨심어 놓고
> 간장 된장 고추장 묵은
> 장을 끼니마다 퍼 나르며
> 어르고 가꾸었다

어머니는 소담한 봄을
뒤란에 모셔놓고
등불처럼 꽃을 피우셨다
급기야 뒤란이 환해졌다
—「어머니의 봄」 전문

위의 시에서 화자는 기억 속의 어머니를 적극적으로 소환함으로써 그 기억을 풍요롭게 재창조하고 있다. 어머니의 삶과 사랑이 아름답게 재창조되고 있다. 기억 속의 어머니는 소녀적인 감성과 헌신적인 모성애를 지닌 존재로 화자의 기억 속에 재탄생되면서 자식인 화자의 마음속에 "등불"처럼 꽃을 피우고 "뒤란"으로 기억되는 화자의 내면공간을 환하게 밝혀주고 있다.

유월이 아득히 멀어져갈 줄
그렇게 쉽게 떠나갈 줄 몰랐다
청포도가 퍼렇게 익어가고
논에서는 벼들이 푸른 바람을 일으킬 때
논개구리는 밤낮을 나누어 합창하였다
소나기는 무지개를 산과 들에 걸쳐놓고
밤하늘엔 낮의 소란함이 무리지어 반짝였다
타령조로 장단 맞추면서 시간도 흘러갔다

아무도 그립지 않은 날에는
몸 안에 통증이 찾아왔다
관절통이기도 하고 가슴통이기도 했다
문득 떨어지는 동백꽃처럼
오랫동안 참았던 눈물이 쏟아질 기미가 보였다
통증이 나를 설레게 할 수 있다는 것을 알았다
네가 지나간 자리에 흔적이 완벽하게 지워질 수 없다
그 흔적을 완벽하게 지우는 것은 다시 시작하는 것이다
붉은색이 어울리는 칠월이 온통 푸른색이다.
힘줄도 푸르고 향기도 푸르다
가장 더운 한 달이 가장 짙게 푸르렀다
과수원을 지나온 바람이 도시를 만나서 더워졌다
푸른 날을 퍼나르던 바람이 무거워졌다
일 년을 기다린 견우와 직녀는 하룻밤과
사랑, 결코 포기할 수 없었다

칠월은 파랗게 흔들리며 익어가고 있었다
　—「칠월」 전문

위의 시는 제행무상의 섭리 속에서 필멸의 존재로서 인간이 느끼는 정서를 잘 보여주고 있다. "네가 지나간 자리"로 표현되는 상실의 흔적을 지우고 극복함으로써 "힘줄도 푸르고 향기도 푸"른 새로운 생명으로 재탄생하는 건강한 정서를 보여주고 있다. 개인적 차원에서 발현되는 이러한 회감의 정서는 역사적 상상을 통해 확장되기도 한다.

> 햇살 좋은 날
> 서동왕자님과 선화공주님이 따로 묻힌
> 익산 쌍릉에 참배하고 주변을 걸었다
>
> 갈대는 개울에서
> 억새는 언덕에서 흔들리고 있었다
> 황금두루마기를 입은 채
>
> 물길을 사이에 두고 서로에게 평생 흔들리던
> 아버지와 어머니가 보고 싶었다
> 기억만으로 따뜻한 이월이었다
> ―「손수건 같은 쌍릉」 전문

위의 시는 우리가 고전문학 시간을 통해 두루 알고 있는 서동과 선화공주의 사랑을 노래한 향가를 소재로 하여 역사적 상상을 전개한 다음, 이를 현대의 상황에 연결시켜 부모에 대한 추억을 떠올리고 있다. 이 시에서 화자는 "익산 쌍릉"을 산책하면서 주변의 아름다운 자연풍광을 바라보며 부모의 사랑을 떠올리고 따뜻한 기억을 재창조하고 있다.

소나기를 맞고 아파본 적 있는가 나는 먹장구름처럼 몰려온 화살 소나기를 맞았다 말들이 달리기를 멈추었고 칼은 허공에서 정지되었다 죽음이 난무하였던 황산벌에 오천 용사는 장렬하였다

 사랑하는 아내여 아이들아, 두 마음을 품지 못하는 나는 백제의 성이었고 너희는 나의 별이었다 성이 무너지는 날 백제 하늘도 사라졌다 벌판을 적의 말이 달려가는 것은 내가 쓰러졌다는 것, 너희 하늘도 나의 하늘도 무너졌다 내 목숨과 오천 용사의 목숨이 별이 되었으나 우리는 목숨 따위 구걸하지 않았다 우리가 지키고자 한 것은 진정 너희의 하늘이었다

 내 이름을 함부로 부르지 마라 목놓아 울지도 마라 나는 죽어서도 굴복하지 않았다 막장에서, 캄캄한 어둠에 파묻힌 채 살고 있는 비목조차 남기지 않았던 용사의 죽음을 기억하라 나라도 성城도 기억까지도 흔적뿐인 곳에서 사라진 백제를 안고 모질게 살고 있다

 죽어서도 다시 살아야 한다 천년 또 천년을 땅 아래 살고 있다 꼭 필요한 계절이지만 공존이 되지 않듯 우리끼리 공존하지 못하고 공간과 시간을 달리하며 살고 있다 내 목숨이 다 건너지 못한 저 무량한 꿈을 키우며 가족과 용사들의

이름으로 살아간다 사멸한 고요가 숨 막히게 몰아쳐 오는 어둠이 걷힐 때까지 나는 계백이었다

 시간에 파묻힌 채 캄캄한 흙벽 깊은 곳에서 천삼백 년 전 사라진 나라로 살아온 나는 새로운 나라로 다시 살고자 한다 더 이상 죽은 자의 이름이 아닌 산 자의 이름을 새기노라, 나를 기억하는 자 새로운 계백으로 불러다오! 왕의 옆 사람을 경계하라
 ─「황산벌을 달리는 계백」 전문

 위의 시는 백제의 명장 "계백"의 비장한 어조를 빌어 절망 속에서도 굴하지 않았던 장군으로서, 가장으로서의 확고한 역사의식을 피력하고 있다. 이 시에는 "사랑하는 아내"와 "아이들"을 사랑했으며, 끝까지 굴복하지 않았던 "백제의 성"이었던 계백의 일편단심 나라사랑과 새로운 시대, 새로운 나라에 "죽은 자의 이름이 아닌" 존재로 부활하고픈 "새로운 계백"으로서의 꿈과 소망이 잘 나타나 있다. 다음의 시에는 역사에 대한 준엄한 비판이 나타난다.

 고부에 가거든 군자정을 보아라
 암행어사, 관찰사, 군수들의
 송덕비와 영세불망비들이 나란히 서있지만

두 동강 나서 절반씩만 서있다
동학혁명군이 아니다
일제강점기 왜놈의 짓이 아니다
학정을 일삼고 돌에 새겨 넣은 이름을
이제야 단죄한다고
큰 망치로 두 동강 낸 것이다
민심이었다

내 밑둥을 일백년쯤 파 보아라
근간根間마다 비겁하게 숨은 자들이
시간의 그늘에 숨어 살고 있다
그림자로 살고 있다
우리가 살아야 하는 이유가 너의 목줄을
지상으로 끌어 올리는 일이다
그리하여 시간마다 그늘을 제거하고
그림자를 색출해 내는 일이다
뿌리가 환해지게 하는 것이다
아이들도 찾지 않는 한적한 날에는
밑둥이 간지러워 못 견디겠다
이놈들아 장난을 그만두어라
내 뿌리는 너의 심장까지 뻗을 것이다
―「단비斷碑-고부 군자정」 전문

위의 시에서 화자는 고부의 "군자정"에 두 동강이 나 있는

"단비斷碑"를 소재로 하여 시간의 그늘에 비겁하게 숨은 자들을 질책하고 있다. 화자는 민족사의 반역자들을 "그림자"로 가정하고 그것들을 색출해내야 비로소 "뿌리가 환해"질 수 있음을, 역사가 바로설 수 있음을 강조한 다음, 오늘날의 비뚤어진 역사관을 지닌 위정자들에게 "이놈들아 장난을 그만 두어라"라고 준엄하게 꾸짖고 있다. 이러한 역사의식을 바탕으로 화자는 역사유물인 "직지"에게 말을 걸기도 하고(「직지에게 말하다」), 삼일운동의 희생을 기리기도 하고(「삼일절」), 백제의 가요로 알려져 있는 '정읍사'를 현대적으로 변용해보기도 한다(「신정읍사」). 이처럼 회감의 정서를 바탕으로 개인적인 과거의 기억을 재창조하기도 하고 그것을 확장하여 역사적 기억을 환기시켜보기도 하던 화자는 이제 발붙이고 사는 현 시대를 어떻게 보고 있는지 살펴보기로 한다.

3. 문명의 비판과 "슬픈 사회"에 대한 애도

문명이 발전하면서 도시가 건설되자 자연은 본래의 모습을 잃고 훼손되어 왔다. 생활의 편의를 위해 발명된 문명의 이기들은 대기오염과 지구온난화를 초래하고 그 결과 기후

이변과 화재 등 후유증을 초래하여 인류의 미래를 불안하게 만들고 있다. 특히 자본주의가 발달하면서 권력과 자본이 결탁하고 인간은 자본이 노예가 되어 물신주의 풍조가 만연하게 하였다. 그 결과 인간의 존엄과 생명마저 위협하는 생명 경시 풍조와 함께 많은 사회문제를 야기하게 되었다. 이번 시집에서 시인은 상당수의 시편들이 이러한 인류 문명의 비판에 할애하고 있다.

> 한때 바다였던 아랄해가 비어가고 있다
> 양떼들 눈 속엔 까마득한 수평선이 있었다
> 목화밭으로 물고랑이 나고부터
> 물길은 강으로 향하지 않았고
> 강은 바다로 흐르지 않았다
> 바다로 가는 길을 잊은 물은
> 담배꽁초와 담뱃갑과 콜라병을 태우고
> 검은 비닐봉투도 데리고
> 이리저리 사막을 돌아다니다가
> 어느 낯선 목화밭에서 증발하고 만다
> 그 사이 내 안에서 뛰었던 물고기가 사라졌다
> 어선들은 폐선이 되어갔고
> 어부들은 도시로 사라져 갔다
>
> 푸른 물로 찰랑대던 곳에서 먼지가 날리고 있었다

한때 파랗게 빛나는 파도를 일으킨 적이 있었다
기억조차 사라진 늘씬한 수초들
수초를 누비고 다녔던 물짐승들
물가에서 목을 축이던 짐승들
그리움이란 단어에는 사라진 것들을 추모하는
제사의식만 남아있었다
목화밭은 화사하다
아이들은 목화를 따며 푼돈을 번다
푼돈을 지급한 권력은 솜을 수출하여
큰돈을 벌지만
그 돈으로 바다로 향한 길을 막아놓고
백금을 채취하고 있다
목화를 백금이라고 부르는 이유다
고급 메리야스와 팬티는 자본주의 깃발이 되어
몸을 칭칭 감고 도시에서 펄럭이고 있다
아랄해는 날마다 사라져가고 있었다
　　—「아랄해」부분

　위의 시에서 화자는 "아랄해"로 상징되는 자연이 파괴되어 자본의 힘이 자연의 순환을 방해하고 있는 것이다. "한 때 바다였으며 양떼들 눈 속엔 까마득한 수평선이 있었"던 아랄해가 이제는 물고기와 어선이 사라지고 어부들은 도시로 떠나버렸다. 목화밭이 생기면서 본래의 자연의 질서가 변질되었음을 아쉬워한다. 이제 아랄해는 "바다로 가는 길을 잊"은 채 물에는 "담배꽁초와 담뱃갑과 콜라병"과 "검은 비닐봉투"와 같은 문명의 부산물이며 쓰레기들과 함께 사막을 돌아다닌다. 문제는 "목화밭"이다. 목화밭은 화사하고 아이들은 목화를 따며 푼돈을 번다. 이러한 현상의 배후에 자본이라는 권력이 이윤을 취하며 지배하고 있다. 그래서 이들에게 "목화"는 곧 "백금"이 되는 것이다. 따라서 권력과 자본이 모이는 대도시로 사람들은 몰려든다.

> 한라산에서 출발하여 지리산을 지나서 단박에
> 백두산 천지까지 올라가고 싶다
> 백두산 가는 길이 자유롭지 못하니
> 백두산 보다 높은 서울에 올라가야겠다
>
> 제주도에서도 전라도에서도
> 경상도와 충청도에서 강원도에서도
> 서울로 올라간다
> 한때는 삼팔선 너머에 사는 사람들도
> 경성에 올라간다고 했다니
> 서울은 산보다 높다
>
> 월세살이 전세살이로 한숨이 나와도

은행에 매월 이자를 내고
건물주에게 꼬박꼬박 월세를 받치면서도
높은데 살려면 대가를 치러야 하므로
그까짓 세금에 세금을 낸다고 대수인가
서울에서 살아야 한다
부대끼는 것은 행복
경쟁하는 것은 숙명
타인과 타인끼리 따로 따로 몰려들어
돈 벌어야 하고 권력을 잡아야 성공한다
일자리와 놀거리가 많은 서울에 살아야 한다

자식 만나고 고향으로 돌아가면서
"나 내려 갈란다" 하고
고향으로 돌아가는 사람은 낙향한다고 하고
지역은 내려가야 하므로 서울을 떠날 수 없다고 하고
　—「서울로 올라가야지」 부분

　사람들은 왜 대도시로 몰려드는가? 그곳에는 돈과 권력이 모여 있고 그것들을 잡아야 성공을 하고 욕망을 실현할 수 있기 때문이다. 그러므로 서울은 "백두산 보다 높"다. 고달픈 "월세살이 전세살이로 한숨이 나와도" 높은데 살려면 대가를 치러야 한다. 그럼에도 불구하고 서울에서 살아야 한다. 그러니 이러한 대도시 집중현상은 막을 길이 없는 것이 아닐까?

서울에서 부산까지 자동차로 쉬엄쉬엄 가면 6시간
비행기 타고 미얀마로 가는 시간도 비슷한 6시간
군부독재자들이 만행을 저지른 곳
사람들이 슬프게 살고 있는 곳

…(중략)…

수많은 나라들이 전쟁 중인 나라를 염려한다
속으론 그들로부터 전달되어질 물가를 염려한다
주식이 떨어지는 것을 염려하고
기름값이 올라가는 것을 염려하고
가진 돈의 가치가 변할까봐 염려한다
이것도 그저그런 생활을 하는 가진 것 없는 사람들의 걱정
돈이 있고 권력이 있고 정보가 있는 사람들은
어느 시점에서 돈을 세고 미소 지을까를 생각한다

머나먼 길을 걸어서 가야 한다
가면 돌아오지 못할 길을 탱크 타고 가야 한다
자동차를 운전하고 컴퓨터 자판 두드리거나
스마트전화기로 게임 하는 게 일이었는데
어느새 탱크 타고, 총을 들고 가고 있다
사람을 만나면 적개심으로 총을 쏘며

누구로부터 살인면허를 받고
어떤 권리로 사람을 죽이러 가는가
　　—「머나먼 길」부분

무분별한 인간의 탐욕 때문에 독재자들은 모든 사람들의 욕망을 지배할 수 있는 "만행"을 서슴지 않는다. 심지어 부조리와 모순의 극단적 형태인 전쟁까지도 불사하는 것이 오늘의 현실이다. 러시아의 푸틴이 그렇고 하마스와 이스라엘의 전쟁이 그러하다. 그래서 사람들은 "슬프게" 살고 있다. 전쟁의 여파는 전 지구가 촘촘히 연결되어 있는 지구촌 시대에는 전쟁 당사국뿐 아니라 전체 세계에 영향을 준다. 유가의 상승과 주식의 하락, 물가의 상승과 소비의 위축 등 삶의 기반 자체에 영향을 주게 되는 것이다. 빈부의 불균형을 야기시키는 것이다. 그러므로 시인 김현조가 바라본 세상은 "슬픈 사회"이다.

국화꽃잎에 서리로 맺혔다가 간 것인지
봄날 꽃그늘에 이슬로 맺혔다가
소리 없이 떠나버린 아이들아
너희 세상에 시인을 만나거든
아름답지 않았노라고
사람이 사람을 죽이는 세상은

절대 아름답지 않았노라고 말하라
골목마다 살의가 번뜩이고
바다에서 단체 희생자가 발생하고
이태원 골목에서 집단 주검이 생겨나는
지금도 지구 어디에서는 서로에게
살인면허를 남발하며
총을 쏘고 대포를 쏘고
미사일을 날린다고 전하라
아직은 소풍 다닐 만큼 아름답지 않다고
—「슬픈 사회를 추모한다」부분

위의 시에서 화자는 이 세상을 "아름다운 소풍"이라고 노래했던 천상병 시인을 비판하면서 "골목마다 살의가 번뜩이"는 세상, "바다에서 단체 희생자가 발생"하고 "이태원 골목에서 집단 주검이 생겨나는" 이 부조리하고 초현실적 세상, 총기사고로 사람을 마구 죽이고 전쟁을 가볍게 여기는 아름답지 못한 세상을 "슬픈 사회"로 규정하고 이를 추모하고 있다.

4. 생명에의 경외와 긍정적 세계관

화자는 기본적으로 낙천성 혹은 낙관성을 지닌 듯하다. 낙관성은 미래에 대한 긍정적 기대와 전망을 인지하는 경향성을 말한다. 낙관성은 타고난 기질에 의하여 결정되기도 하지만 학습되기도 한다. 이러한 낙관성은 긍정적 세계관을 기반으로 한다. 세상을 바라볼 때 어떠한 안경을 끼고 바라보느냐에 따라 세상은 달라 보이기 때문이다.

> 사람으로 태어나 목숨 다할 때까지
> 사람으로 살다 가면 얼마나 다행한 일인가
> 수많은 생명 가운데 사람으로 태어난 것은
> 얼마나 다행한 일인가
> 생각할 줄 알고 미래를 염려하기도 하고
> 죽음에 대해서 두려움을 갖는 것
> 얼마나 대단한 일인가
> 가난한 가정에서 태어난 것도
> 저명인사의 부모가 아닌 것도
> 대단히 잘나지 않은 것도
> 사람으로 태어났으니 얼마나 다행한 일인가
> 부잣집에서 나지 않았어도
> 영어권 나라에서 나지 않았어도
> 호걸이나 미녀로 나지 않았어도
> 사람으로 태어났으니 얼마나 다행한 일인가
> 　―「사람으로 태어나」 부분

위의 시에서 화자는 세상을 매우 긍정적이고 낙관적인 시선으로 바라보고 있음을 알 수 있다. 인간의 존재 자체와 화자가 처해 있는 현재의 위치를 긍정하는 자세는 "얼마나 다행한 일인가"라는 구절의 반복에서 알 수 있다.

남천교 청연루에 앉아있으면
세상 소란함이 다 모여
흩날린다

사막에 누워 하늘을 볼 때도
세상 반짝임이 다 모여
빛난다

무수히 많은 별 사이사이에
너도 한자리 차지하고 있다
―「여름밤」 전문

위의 시에서도 화자는 "세상의 소란함"을 관조하며 비록 "사막에 누워 하늘을 볼" 지라도 "세상 반짝임이 다 모여 빛"남을 본다. 그리고 "무수히 많은 별 사이사이"에 모두 한 자리를 차지하고 있음을 바라보는 화자의 시선은 존재 자체에 대한 긍정으로 읽힌다. 이러한 시선은 시 「계절을 벗어날 때」

에서도 "우주는 여전히 건강하고/ 세상은 나아지고 있지 않은가"라고 노래함으로써 미래에 대한 긍정적 비전을 보여주고 있다. 시인의 이러한 긍정적 비전의 근저에는 불교적 세계관이 자리하고 있다. 시 「그리 알아라」에서 "네 삶에 내가 있고 내 삶에 네가 끼워져 있듯"에서 보듯이 화자는 기본적으로 이 세상의 모든 존재가 서로 의지하고 있다는 연기적 세계관에 기초해서 세상을 바라본다. 그리고 시 「백제로 이팝꽃」에서 "배고픈 사람이 없었으면 좋겠다"라는 진술에서 보듯이 자비와 연민의 시선으로 세상을 바라봄을 알 수 있다. 그러므로 다음과 같은 생명사상에 도달할 수가 있는 것이다.

> 지리산에 사는 스님
> 절간 구석에
> 배추농사를 지었습니다
> 세 고랑은 사람의 것이고
> 한걸음 떨어진 작은 고랑은
> 손님의 것이랍니다
> 아침마다 찾아오는
> 배추벌레님을 이사시키는 일로
> 하루를 시작한답니다
> 속이 채워지기 전부터

김장배추를 같이 먹고 산답니다
고적한 산사에
참 귀한 손님이라고 합니다
　—「손님맞이」 전문

　위의 시에서 화자는 "배추벌레"와 함께 공존의 길을 실천하고 있는 지리산에 사는 한 스님의 태도를 통해 생명공동체에 대한 배려와 자비를 보여준다. 모든 생명체가 하나의 고리로 연결되어 있다는 연속적 세계관 혹은 연기적 세계관이 결국은 생태사상과도 연결됨을 알 수 있다. 아울러 "배추벌레"를 "참 귀한 손님"이라고 표현하는 데서 우리는 생명에 대한 경외를 엿볼 수 있다. 이러한 열린 시선은 다음의 시에서 종교 간의 화합마저 가능함을 보여준다.

축! 메리 초파일

아랫녘 교회에서 보내온 양란꽃등燈

연등보다 먼저 공양 올렸습니다

귀신사 도량이 어느 때보다 환해졌습니다

느티나무는 혼자 웃다가 수염이 한치 길어났습니다

천사백 년 걸려 온 달도 조심스레 빛을 공양 올립니다

끄덕끄덕 부처님 미소가 자랐습니다
　―「부처님 미소가 자란 날」 전문

위의 시는 불탄일인 초파일에 "아랫녘 교회에서 보내온 양란꽃등燈"으로 인해 "귀신사 도량이 어느 때보다 환해졌"다는 진술을 통해 불교와 기독교라는 서로 다른 이념과 사상을 지닌 종교 간의 화합이 충분히 가능함을 본다. 이념과 대립으로 조각난 우리 사회가 나아가야 할 바람직한 방향이 이런 것이 아닐까? "느티나무"도 "천사백 년 걸려 온 달"도 흐뭇하게 미소짓는 화합의 순간에 우리 마음속의 부처도 고개를 "끄덕끄덕"하며 미소짓지 않을까? 우리는 위의 시에서 우리는 갈등과 분열로 가득한 이 세상의 지속가능성을 볼 수 있다.

5. 삶을 성찰하는 이미지스트 시인

김현조 시인은 풍부한 감성과 섬세한 감각을 바탕으로 다양한 이미지를 조형해내는 탁월한 이미지스트 시인이다. 특히 김현조 시인은 변화하는 계절의 정서를 그려내는 데 능숙함을 보여준다. 다소 장황한 시편들에 비해 이러한 시들이 보여주는 이미지 조형은 산뜻하면서도 깔끔한 맛이 있다. 이러한 역량은 하루 이틀에 이루어진 것은 아닌 듯하다. 오랜 절차탁마의 시간이 있었으리라 예상이 된다.

    말복 날 수박을 반으로 갈라놓고
    호두나무 그늘에 앉았다
    곁을 지키는 수캐가 하품을 하고
    사막개미들도 낮잠 자러 가고
    흔한 새 한 마리 보이지 않는다
    햇살은 쏟아지는데
    빛의 환함이라니
    어린 고양이 발자국에
    정오가 흔들렸다

    파리가 수박 언저리에서 분주하다
    가끔, 아주 가끔 나뭇잎이 동요하고
    그때마다 미세한 소리가 허공을 흔든다
    햇빛과 공기 그늘이 공짜라는 게
    믿기지 않을 정도로 한가한 정오

느티나무 그늘이 늘어지게 낮잠을 잔다
나는 숨죽이고
등으로만 시간을 밀어냈다
— 「적막함」 전문

위의 시에서는 한 장의 스냅사진처럼 늦여름의 고요한 풍광을 담담하게 보여주고 있어 시 읽는 재미를 더해 준다. 특히 1연에서 감각적으로 묘사된 한낮의 고요를 깨트리는 "어린 고양이의 발자국에 정오가 흔들린다"는 표현의 역동성과 섬세한 감각적 묘사로 나른한 정오의 모습을 그린 다음, "나는 숨죽이고 등으로만 시간을 밀어낸다"는 마지막 구절의 액센트는 이 시인이 유능한 이미지스트임을 확인케 한다. 이러한 탁월한 이미지 조형능력으로 화자가 그리고자 하는 것은 무엇일까? 그것은 바로 "당신"에 대한 그리움이다.

천지사방으로 귀를 걸었다

세상으로 나간 문
돌아와 세상을 닫을 문

오직 당신에게 향한 귀만 열었다
— 「나팔꽃」 전문

화자는 천지사방으로 귀를 걸고 당신을 향해 귀를 열고 당신의 소리를 듣고자 한다. 여기서 "당신"은 화자에게 결여된 그 무엇일 수도 있고, 존재를 좀 더 충만하게 해주는 대상일 수 있다. 모든 존재는 욕망 충족의 근원적 불가능성을 알면서도 그것의 실현을 위해 문을 열고 세상으로 나가고 돌아와서는 문을 닫는다.

안녕! 짧은 인사로
화급히 그대 떠나고
선운사 상사화 필 때마다
구월 매미처럼 자지러졌다

다음 생에는 불쑥
단박에 나와서 꽃 피우지 말아야지
한마디씩 아홉 번 자라는 구절초처럼
조바심내지 않고 구월을 맞이해야지

마디마디 푸른 여름과
칸칸마다 구월 노을을 앉혀두고
머무는 것이 기적이 되도록
이야기 곳간을 비워두어야지

누굴 막론하고 가야 하는 저 너머로
더디게 아주 더디게 가자고
바위에 붙어서 너끈히 오백 년쯤
살아보자고 맹세해야지
　—「매미처럼 울었다」 전문

위의 시에서 화자는 "조바심내지 않고 구월을 맞이해야지"라고 스스로를 추스르며 "머무는 것이 기적이 되"는 존재의 충만한 순간을 위해 "이야기 곳간을 비워두어야지"라고 다짐을 한다. 그 순간을 위해 서두르지 말고 "더디게 아주 더디게 가자"고 다짐한다. 아무튼 시 「우스운 일」에서 보여주듯 겸허한 삶의 자세로 서사에 대한 과욕을 내려놓고 담백하게 묘사할 때 김현조의 시의 장점은 드러난다. 이시심수以詩心修의 낮은 자세로 시의 길을 향해 전진한다면 분명 좋은 결실을 이룰 것이라 확신한다.

현대시학시인선 139

비사벌에는 달 냄새가 난다

초판 1쇄 발행	2023년 12월 12일
지은이	김현조
발행인	전기화
책임편집	고미숙
발행처	현대시학사
등록일	1969년 1월 21일
등록번호	종로 라 00079호
주소	서울시 종로구 계동길 41
전화	02.701.2341
블로그	http://blog.daum.net/hdsh69
이메일	hdsh69@hanmail.net
배포처	(주)명문사 02.319.8663
ISBN	979-11-93615-09-6 03810

○ 책값은 뒤표지에 있습니다.
○ 이 책의 관권은 지은이와 현대시학사에 있습니다.
   이 책 내용의 전부 또는 일부를 재사용하려면 반드시 양측의 서면 동의를 받아야 합니다.
○ 잘못 만들어진 책은 구입하신 서점에서 교환해드립니다.

○ 본 책자는 (재) 전라북도문화관광재단 2023 지역문화예술육성지원사업에 선정되어 보조금을 지원받았습니다.